Für Petra und Dagfinn

Nach den ab 1.8.2006 verbindlichen Rechtschreibregeln.

Bibliografische Information der Deutschen Nationalbibliothek
Die Deutsche Nationalbibliothek verzeichnet diese Publikation in der Deutschen Nationalbibliografie; detaillierte bibliografische Daten sind im Internet über http://dnb.ddb.de abrufbar.

Redaktionelle Leitung: Eva Günkinger
Lektorat: Sophia Marzolff
Fachberatung: Ulrike Holzwarth-Raether
Herstellung: Claudia Rönsch
Layout und Satz: Michelle Vollmer, Mainz
Illustration Lesedetektive: Barbara Scholz
Umschlaggestaltung: Mischa Acker
Printed in Spain
ISBN 978-3-411-70797-3

Lesedetektive

Nelly, die Piratentochter

Bernhard Hagemann

mit Bildern von Patrick und Frauke Wirbeleit

Dudenverlag

Mannheim · Leipzig · Wien · Zürich

Ausguck
Wanten
Reling
Ruder
TUTTAN

Inhalt

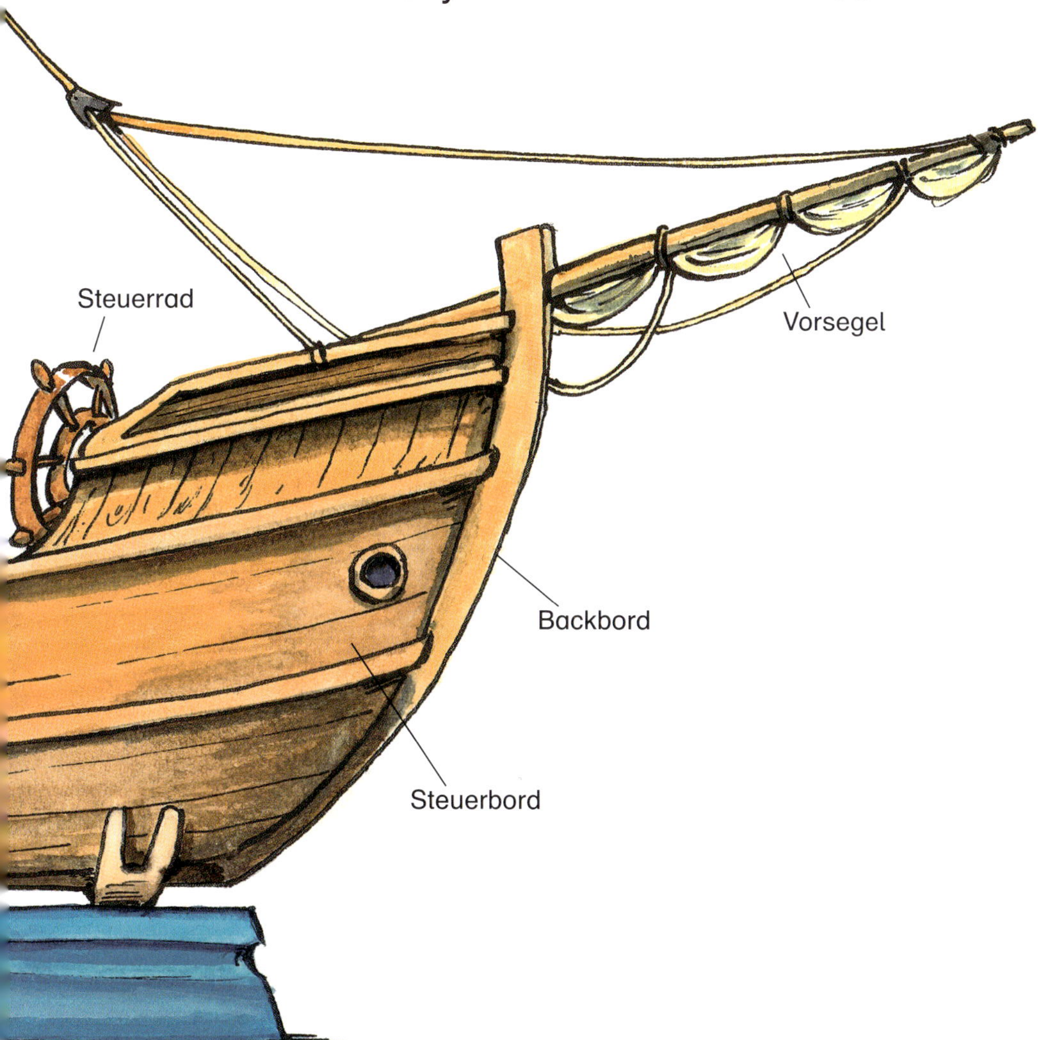

1. Der Wilde Jim und seine Mannschaft

Der Wind bläht die Segel und treibt die Tuttan voran. Sie ist ein in die Jahre gekommenes Schiff, das knarzend im Meer schaukelt. Die Planken lechzen nach einem neuen Anstrich und die Taue und Segel müssten auch erneuert werden. Aber daran ist nicht zu denken. Denn der Wilde Jim und seine Mannschaft haben schon seit Wochen kein Schiff mehr gekapert. Kein Gold erobert.

Die Truhe, in der normalerweise die Schätze aufbewahrt werden, ist so gut wie leer. Sieben Goldtaler liegen einsam auf ihrem Boden, mehr nicht. Seit Wochen haben die Piraten kein Land mehr gesehen. Die Vorräte gehen zur Neige, das Trinkwasser auch. Selbst das Rumfass ist leer.

Die Mannschaft murrt. Sven der Schwerhörige murrt. Carlo der Dicke murrt.

Pit die Bohnenstange murrt. Jack der Steuermann murrt. Branco der Faule murrt und Ole der Einäugige murrt.
Mehr sind es nicht. Früher, ja, da waren sie einmal eine stolze Mannschaft von zwanzig Piraten. Aber diese Zeiten sind lange vorbei.

In der Kombüse gibt es noch Oskar, den alten Schiffskoch, den Einzigen, der lesen und schreiben kann. Gerade diktiert er Nelly ein paar Sätze.

„Der Wilde Jim ist ein Furcht einflößender Pirat“, schreibt Nelly.

Während Oskar diktiert, schält er die Kartoffeln fürs Mittagessen.

„Hast du es?“, fragt er und wirft eine Kartoffel in einen Topf mit Wasser.

„... e-i-n-f-l-ö-ß-e-n-d-e-r P-i-r-a-t!“, buchstabiert Nelly. „Das ist ein schwieriger Satz.“

1. Fall: Warum lässt der Wilde Jim die Vorsegel hissen?

Damit sich die Piraten dahinter verstecken können.

„Zeig mal.“ Oskar schielt auf das Blatt vor Nelly. „Prima, ist alles richtig geschrieben.“ Nelly legt den Stift beiseite und schaut durch das Fenster aufs Meer. Da hört sie an Deck ihren Vater, den Wilden Jim.
„Die Vorsegel hissen!“, brüllt er mit seiner tiefen Stimme. „Damit wir schneller werden!“
Mit einem lauten Platschen wirft Oskar eine weitere Kartoffel ins Wasser.
„Die Vorsegel zu hissen hat nur einen Sinn, wenn wir zwei Strich backbord gehen!“, murmelt er vor sich hin. „Hier in der Gegend herrscht eine starke Strömung, da kommen wir nicht voran. Ein bisschen backbord, dann bekämen wir den Wind mehr von der Seite und würden außerdem zu der Insel gelangen, die der Wilde Jim sucht.“
„Sag das meinem Vater!“, fordert Nelly.

Damit das Schiff besser aussieht.

Damit das Schiff schneller wird.

Oskar verdreht die Augen und seufzt. „Ich bin nur der Koch. Glaubst du, der Wilde Jim hört auf den Koch?“
Oskar ist sein Leben lang zur See gefahren. Er kennt die Seefahrt wie kein anderer. Aber jetzt ist er nur noch ein alter Mann, der kochen kann. Und niemand will auf seinen Rat hören. Niemand außer Nelly.
Fasziniert hört sie zu, wenn Oskar von früher erzählt. Von wilden Raubzügen, von unbekannten Inseln und von Schätzen.
„Früher!“, sagt Oskar oft. „Da fürchteten sich alle vor dem Wilden Jim und seiner Tuttan.“
Draußen an Deck hört Nelly wieder ihren Vater schreien.
„Sven, du gehst hoch in den Ausguck und meldest, wenn du etwas siehst!“
„Nein, bitte nicht in den Ausguck!“, jammert Sven. „Ich war erst gestern im Ausguck. Mir wird dort oben so schwindelig und schlecht. Außerdem bin ich schwerhörig.“

„Du sollst in die Ferne schauen und nicht in die Ferne hören!“, brüllt der Wilde Jim. „Wieso kann nicht mal jemand anderes in den Ausguck?“, jammert Sven. „Wie wärs mit Carlo? Der war noch nie da oben.“ „Carlo, in den Ausguck hoch!“, brüllt der Wilde Jim.

„Ich kann da nicht hoch“, jammert Carlo. „Ich bin zu dick. Der Ausguck ist zu klein für mich! Und mir wird auch schlecht da oben. Das Schiff schaukelt so stark. Der Ole kann mal in den Ausguck.“
„Was soll ich im Ausguck?“, beschwert sich Ole. „Ich habe nur ein Auge. Wenn ein feindliches Schiff auftaucht, sehe ich nur die Hälfte und wir unterschätzen den Gegner. Das ist gefährlich. Der Sven muss hoch, der kennt das da oben.“
„Was seid ihr alle für Jammerlappen!“, schimpft der Wilde Jim. „Und überhaupt! Befehl ist Befehl. Sven, du hast es von Ole gehört. Du musst hoch in den Ausguck. Ich befehle es dir!“
In diesem Augenblick steht Nelly vom Tisch auf. „Fertig mit dem Diktat“, sagt sie zu Oskar. „Ich geh ein bisschen an Deck.“
Draußen geht sie zielstrebig auf ihren Vater zu.

Groß gewachsen und mit einem mächtigen Bauch steht er gebieterisch vor der Mannschaft.
„Lass mich in den Ausguck“, sagt Nelly. „Mir wird nicht schwindelig und ich habe gute Augen.“
Der Wilde Jim schaut auf Nelly herab und verzieht sein Gesicht. „Kommt nicht in Frage, Nelly! Das ist nichts für Mädchen!“
Nelly stemmt ärgerlich ihre Hände in die Hüften und stampft mit ihrem Fuß auf die Deckplanken.

„Ich bin eine Piratin!“, sagt sie. „Und ich will da hoch!“

„Du bist ein Mädchen!“, sagt der Wilde Jim. „Geh wieder in die Kombüse und hilf Oskar!“

Doch Nelly überhört die Worte ihres Vaters einfach. „Du musst zwei Strich backbord segeln!“, sagt sie. „Dann kämpft das Schiff nicht so gegen die Strömung an. Außerdem nehmen wir dann Kurs auf die Insel.“

„Schäl du lieber Kartoffeln und lerne lesen und schreiben!“, sagt der Wilde Jim und lacht. Und Branco, Pit, Carlo, Ole und Sven lachen mit.

Dann schiebt der Wilde Jim seine Tochter zur Seite und scheucht Sven hoch in den Ausguck.

Sehnsüchtig schaut Nelly zu, wie Sven die Strickleiter hinaufklettert.

Kaum ist Sven im Ausguck angekommen, brüllt der Wilde Jim: „Siehst du etwas?“

Aber von oben kommt nur Schweigen.

Sven der Schwerhörige hört den Wilden Jim nicht.

„Verdammt, Sven!“, brüllt der Wilde Jim so laut, dass die Schiffsplanken beben. „Siehst du was?“

„Mir ist schlecht!“, ruft Sven.

„Verflixt!“, schimpft der Wilde Jim. „Hier irgendwo muss diese verfluchte Insel doch sein! Mach die Augen auf!“ Nach ein paar Minuten brüllt er wieder: „Siehst du jetzt etwas?“

„Mir ist schwindelig“, ruft Sven.

„Reiß dich zusammen!“, schimpft der Wilde Jim. „Vergiss nicht, du bist Pirat! Ich verbiete dir das Schwindelige!“ Und dann brüllt er seine Mannschaft an: „Ich hatte doch gesagt, die Vorsegel setzen! Was steht ihr hier noch tatenlos herum?“

„Ich habe die Vorsegel erst gestern gesetzt!“, sagt Carlo. „Kann nicht mal jemand anders? Ich wollte gerade mein Piratenkopftuch waschen. Der Branco hat schon lange kein Segel mehr gesetzt.“

„Das stimmt gar nicht!“, sagt Branco beleidigt. „Vor drei Tagen erst hab ich eines der Vorsegel gesetzt. Pit, du hast es gesehen. Sag dem Wilden Jim, dass ich vor drei Tagen das Vorsegel gesetzt habe.“

Pit nickt und sagt: „Ja, das stimmt. Das hat der Branco gemacht.“

2. Fall: Nelly ist mit ihrem Vater unzufrieden,

weil er ihren Geburtstag vergessen hat.

Nelly kann das nicht mehr mit anhören. Was ist ihr Vater nur für ein Kapitän? Er brüllt wie ein Löwe, aber die Mannschaft tanzt ihm auf der Nase herum!
„Hörst du denn nicht, was mein Vater gesagt hat?“, schreit sie Branco an. „Du sollst die Vorsegel hissen!“

weil seine Mannschaft ihm nicht gehorcht.

weil er mit ihr geschimpft hat.

„Ja, klar hab ich das gehört!“, antwortet Branco und macht sich langsam auf den Weg. „Aber es stimmt, dass ich es vorgestern schon gehisst habe …“ Branco grummelt weiter vor sich hin, gehorcht aber.
In diesem Augenblick kommt von oben ein aufgeregter Schrei.
„Schiff in Sicht!“

2. Der Einarmige Zoran

„Wo?“, schreit der Wilde Jim zu Sven hinauf. „Schiff in Sicht!“, schreit Sven. „Steuerbord voraus!“
Der Wilde Jim, Nelly und die Mannschaft spähen über das Wasser. Und wirklich, weit weg am Horizont ist ein Schiff zu sehen.
Der Wilde Jim hält sich das Fernrohr vors Auge. „Es hält Kurs auf uns!“, sagt er. „Klar machen zum Entern.“
Aber Carlo, Branco, Ole und Pit bleiben unbewegt an der Reling stehen.
Erst als Nelly den Befehl ihres Vaters wiederholt und „Klar zum Entern!“ schreit, beginnen die Piraten aufgescheucht über Deck zu rennen. Während Jack der Steuermann das Boot auf Kurs hält, suchen die anderen nach ihren Enterhaken und Säbeln.
„Pit, ich hab dir meinen Enterhaken geliehen, gib ihn mir zurück“, fordert Branco.

„Du hast mir den Enterhaken nicht geliehen!“, antwortet Pit. „Sag du mir lieber, wo mein Säbel ist.“
„Schiff in Sicht!“, schreit oben Sven.
„Ja, das wissen wir jetzt!“, brüllt der Wilde Jim.
Nelly steht an der Reling und beobachtet durch das Fernrohr ihres Vaters, wie das Schiff schnell näher kommt. Plötzlich erkennt sie die schwarze Flagge auf dem Mast des Schiffes.
„Papa!“, ruft Nelly. „Das sind auch Piraten! Die haben eine Piratenflagge!“
„Was?!“, staunt ihr Vater und schnappt sich das Fernrohr. „Tatsächlich! Das ist die Schleichende Seekuh vom Einarmigen Zoran. Sieht beladen aus. Sicher kommt er von einem Raubzug. Gerade das Richtige für uns. Wir werden unsere Goldtruhe füllen können.“

Die Mannschaft rennt immer noch aufgescheucht über Deck und sucht die Enterhaken und die Säbel.

„Wir werden dem Einarmigen Zoran zeigen, wer die wahren Herrscher der Meere sind“, schreit der Wilde Jim.

„Der Einarmige Zoran?“, ruft Ole ängstlich. „Der ist doch gefährlich!“

„Klar ist der gefährlich!“, brüllt der Wilde Jim. „Wir sind es ja auch!“

Nelly sieht jetzt durchs Fernrohr, dass es auf der Schleichenden Seekuh von Piraten nur so wimmelt. „Die sind viel mehr als wir!“, ruft sie aufgeregt.

„Klar sind die mehr als wir", brüllt der Wilde Jim. „Aber wir sind listig!"
Die Schleichende Seekuh rauscht immer näher heran und Nelly braucht schon lange kein Fernrohr mehr, um zu erkennen, dass sich die Piraten dort an Deck bereit machen, die Tuttan zu kapern.
Und es dauert nicht lange, da segelt die Schleichende Seekuh direkt neben der Tuttan. Das Schiff ist gut in Schuss, die Segel sind stramm gebläht und die Piraten stehen mit ihren Enterhaken an der Reling und warten auf den Befehl ihres Kapitäns.
Der Einarmige Zoran steht grinsend am Steuerrad.
Der Wilde Jim brüllt: „Klar machen zum Entern!"

3. Fall: Was bedeutet der Begriff „entern"?

ein Schiff gewaltsam in Besitz nehmen

„Mein Säbel ist völlig verrostet!“, ruft Pit. „Wie soll ich da entern?“
Drüben hört Nelly den Einarmigen Zoran lachen. „Der Wilde Jim mit seiner Tuttan!“, ruft er. „Und seine Furcht einflößende Mannschaft. Seht sie euch an.“
„Schiff in Sicht!“, ruft Sven im Ausguck. „Direkt neben uns!“

ein Schiff besonders gründlich reinigen

ein Schiff neu anstreichen

„Keine Angst!“, brüllt der Einarmige Zoran zu ihnen rüber. „Wir kapern euch nicht. Bei euch gibts nichts zu holen. Ahoi!“
„Aber wir kapern euch!“, brüllt der Wilde Jim.
„Dann versucht es mal!“
Zoran dreht am Steuerrad und schon ändert die Schleichende Seekuh ihren Kurs. Unter vollen Segeln rauscht sie wieder davon.
„Hurra!“, ruft der Wilde Jim. „Wir haben sie in die Flucht geschlagen!“
Durch die Mannschaft geht ein Aufatmen.
„Schade, jetzt wo ich gerade meinen Säbel gefunden hatte …“, seufzt Ole.

3. Die Insel

Die Sonne scheint und der Wind hat aufgefrischt. Bis auf Nelly ist die Mannschaft guter Stimmung. Der Wilde Jim feiert lauthals seinen Sieg über den Einarmigen Zoran.
„Wir haben sie in die Flucht geschlagen, habt ihr das gesehen?“, brüllt er übers Deck.
Und die Mannschaft stimmt in das Siegesgebrüll ein.

„Kaum haben sie meinen Säbel gesehen, sind sie abgedreht, die Angsthasen!“, triumphiert Pit.
„Und als ich meinen Enterhaken geschwungen habe, haben sie sich in die Hosen gemacht, habt ihr das gesehen?“, stimmt Branco ein.

4. Fall: Feiern die Tuttan-Piraten zu Recht den Sieg über den Einarmigen Zoran?

Ja, sie haben Zoran in die Flucht geschlagen.

„Und als sie erst meine mächtige Statur gesehen haben, haben sie so stark zu zittern angefangen, dass drüben die Planken klapperten. Habt ihr das gehört?“, lacht Carlo der Dicke.
„Wir sind die furchtlosen Tuttan-Piraten!“, singt Ole grölend und ballt die Faust. „Jeder auf den sieben Meeren erschauert vor uns!“
Nelly stürmt wütend zu Oskar in die Kombüse. „Das ist nicht auszuhalten!“, schimpft sie. „Die feiern da draußen ihre Feigheit und merken es nicht einmal. Dabei hat der Einarmige Zoran sich nur über uns lustig gemacht!“
„Ach Nelly!“, sagt Oskar. „Wir können froh sein, dass der Einarmige Zoran uns verschont hat. Mit Sicherheit wären wir unsere letzten Goldtaler auch noch losgeworden.“

Ja, Zoran hat aus Furcht abgedreht.

Nein, Zoran hat die Tuttan verschont.

„Dann sollen sie nicht so tun, als ob sie ihn besiegt hätten."
Oskar seufzt. „Lass ihnen doch die Freude. So haben wir wenigstens einen gut gelaunten Kapitän und eine gut gelaunte Mannschaft."
Nelly will ihnen aber nicht die Freude lassen. Und sie kann sich auch nicht so schnell beruhigen.
„Wenn ich Kapitän wäre", sagt sie, „dann würde ich aus der Tuttan wieder ein richtiges Piratenschiff machen! Mit einem neuen Anstrich, mit neuen Segeln und einer starken Mannschaft. Und keiner dürfte sich mehr über die Tuttan lustig machen. Auch nicht der Einarmige Zoran. Alle würden sich vor der Tuttan fürchten."
„Ja", sagt Oskar. „Das wäre schön. Und das hätte die Tuttan auch verdient. Ein bisschen mehr Respekt! Die Tuttan war früher ein sehr stolzes Piratenschiff."

Da hören die beiden Sven draußen auf dem Mast schreien: „Land in Sicht! Land in Sicht!"
Nelly blickt Oskar mit großen Augen an.
„Hast du das gehört?!", ruft sie, springt auf und rennt wieselflink aus der Kombüse.

Die Insel! Nelly erkennt sie mit bloßem Auge als kleine Erhebung am Horizont.
Anders ihr Vater. Trotz Fernrohr kann er die Insel nicht finden und schreit: „Wo denn?!“
Und Sven im Ausguck antwortet ihm: „Land in Sicht!“
„Das habe ich kapiert, du Schwachkopf! Aber wo?!“, brüllt der Wilde Jim und sucht mit dem Fernrohr den Horizont ab.
Da geht Nelly zu ihrem Vater, zupft an seinem Ärmel und zeigt ihm die Insel.
„Da am Horizont!“, sagt sie. „Die sieht man mit dem bloßen Auge!“

Der Wilde Jim nimmt das Fernrohr von den Augen.
„Tatsächlich! Die Insel!“, schreit er dann aus vollem Hals. „Land in Sicht! Backbord voraus.“
„Die Insel!“, jubelt Carlo nun ebenfalls.
„Frisches Wasser! Kokosnüsse und Bananen! Das Paradies! Ich werde mich mit Kokosnussmilch betrinken.“
„Und ich werde mich an Millionen Bananen überfressen!“, jubelt Branco.
„Und ich werde mir ein Hemd aus Papageienfedern machen!“, ruft Ole.
„Land in Sicht!“, schreit Sven.
„Jack!“, ruft der Wilde Jim nach hinten zum Steuermann. „Zwei Strich backbord. Nimm Kurs auf die Insel.“

Zwei Stunden später segelt die Tuttan in eine große wunderschöne Bucht ein. Ruhig gleitet das Schiff durch das türkis glitzernde Wasser, vorbei an einem riesigen Felsen, der mitten in der Einfahrt aus dem Meer ragt.
Etwa in der Mitte der Bucht gibt der Wilde Jim den Befehl, die Segel einzuholen und den Anker zu werfen. Mit einem lauten Rasseln der alten rostigen Kette rauscht der Anker in die Tiefe.
„Beiboot klarmachen!“, schallt der Befehl des Wilden Jim über Deck. „Oskar, Jack, Pit, Sven und Ole, ihr kommt mit mir, die Insel erforschen. Wir brauchen Wasser und ein paar Vorräte. Branco, Carlo und Nelly, ihr bleibt an Bord und haltet Wache. In fünf Stunden sind wir zurück.“
„Ich will aber auch die Insel erforschen!“, schmollt Nelly und stampft wütend auf.
„Keine Widerrede“, sagt ihr Vater. „Die

Erforschung von Inseln ist nichts für Mädchen. Du bleibst an Bord, da kann dir nichts passieren. Carlo und Branco passen auf dich auf. Außerdem möchte ich, dass du das Deck wischst."

„Ich brauche keine Aufpasser!", mault Nelly. „Und das Deck will ich auch nicht wischen! Ich bin Piratin und keine Putzfrau."

Aber es hilft nichts. Nelly muss mit ansehen, wie die Männer über eine Strickleiter in das kleine Beiboot klettern und auf den Strand zurudern.

Also nimmt sie widerwillig Eimer und Wischlappen und scheuert das Deck.
Und weil sie sich danach so langweilt, poliert sie noch das Holz der Reling. Dann das Steuerrad und die Ankerwinde.
Schließlich bricht die Dunkelheit herein und Nelly sieht am Strand der Insel ein Feuer auflodern. Sie stellt sich vor, wie Oskar dort köstliche Fische grillt, und wäre so gerne dabei.
Stattdessen sagt Branco: „So, Nelly. Es ist schon dunkel. Zeit für dich, schlafen zu gehen!“
Nelly ist da ganz anderer Meinung. „Ich gehe schlafen, wann ich will!“, faucht sie Branco an. „Mein Vater ist der Kapitän und ich kann machen, was ich will!“

5. Fall: Warum darf Nelly nicht mit auf die Insel?

Sie ist ein Mädchen.

„Ja, aber … aber Nelly!“, stottert Branco. „Der Wilde Jim hat doch gesagt, dass wir auf dich aufpassen sollen. Und kleine Mädchen müssen früher ins Bett!“

„Müssen sie nicht!“, sagt Nelly. „Und ich bin kein kleines Mädchen, merk dir das. Ich bin die Wilde Nelly!“

Sie verschwindet in der Kombüse, knallt die Tür hinter sich zu und setzt sich an den Tisch, um in einem von Oskars Büchern zu lesen. Kaum hat sie das Buch aufgeschlagen, da klopft es und Carlo steht in der Tür.

↑ Sie hat Halsweh.

↓ Das Beiboot ist schon voll.

4. Die Wilde Nelly

„Schaut nach, ob der Anker hält!“, ruft Nelly. „Der hält bestimmt nicht!“, jammert Carlo. Gerade als Nelly nach dem Strandfeuer auf der Insel späht, erfasst sie eine so mächtige Windböe, dass sie sich an einem dicken Tau festklammern muss, um nicht von Bord geweht zu werden. Und mit der Windböe bricht das ganze Unwetter über das Schiff herein. Es stürmt, hagelt, blitzt und donnert, dass einem angst und bange werden kann.

Das wild schaukelnde Schiff zerrt an der Ankerkette.
„Die Ankerkette!“, schreit Nelly durch den Wind.
Aber da ist es auch schon zu spät.
Mit einem Riesenknall reißt ein Glied der rostigen Kette und ein furchtbarer Ruck geht durch das Schiff. Sofort wird die Tuttan vom Wind erfasst und mit großer Geschwindigkeit aus der Bucht getrieben. Direkt auf den riesigen Felsen zu.
„Hilfe!“, schreit Branco. „Der Felsen! Wir sind verloren!“
„Hilfe!“, schreit auch Carlo. „Was sollen wir tun?!“
Nelly weiß, was zu tun ist.
„Branco!“, ruft sie durch den Wind und rennt ans Steuerrad. „Hoch in die Wanten, das Sturmsegel setzen, schnell. Wir müssen Fahrt aufnehmen, damit wir nicht am Felsen zerschellen!“

„Kann nicht jemand anders da hoch? Ich habe Angst!"
„Es gibt nur euch beide!", schreit Nelly. „Los! Das Sturmsegel setzen!"
Da fassen sich Branco und Carlo ein Herz und klettern beide hoch in die Wanten. Kaum haben sie das kleine Sturmsegel gesetzt, bläht es sich im Wind und bringt die Tuttan auf Kurs.
„Wir nehmen Fahrt auf!", ruft Nelly und steuert das Schiff haarscharf am großen Felsen vorbei, der mit seinen spitzen Kanten nur darauf lauert, der Tuttan den Schiffsbauch aufzuschlitzen.
Auf dem offenen Meer erwarten die Tuttan haushohe Wellen.
Der Sturm peitscht das Wasser übers Deck und die Masten knarzen im wilden Auf und Ab des Schiffes.
Doch Nelly manövriert die Tuttan geschickt durch die Wellen.

Branco und Carlo zurren inzwischen alles fest, was nicht niet- und nagelfest ist.
Das Unwetter tobt die halbe Nacht und treibt die Tuttan immer weiter aufs offene Meer hinaus. Als der Sturm endlich nachlässt, sind alle drei vollkommen erledigt. Nelly schläft vor Erschöpfung am Steuerrad ein, Branco und Carlo legen sich in ein zusammengefaltetes Segel.
Als Nelly am Morgen erwacht, lacht wieder die Sonne vom Himmel und eine leichte Brise lässt die Tuttan sanft über die Wellen schaukeln.
Nelly sucht den Horizont nach der Insel ab.

Da entdeckt sie nicht weit von ihnen ein Schiff auf dem Wasser. Mit gebrochenen Masten.

„Schiff in Sicht!“, schreit Nelly und weckt mit ihrem Ruf Branco und Carlo auf, die grummelnd aus dem Segel kriechen.

„Tatsächlich!“, staunt Carlo, als er sich den Schlaf aus den Augen gerieben hat.

„Aber da sind ja die Masten gebrochen“, erkennt Branco.

„Wir segeln einmal hinüber“, sagt Nelly und dreht am Steuerrad. „Vielleicht brauchen sie Hilfe. Setzt ihr beiden mal ein größeres Segel. Dann kommen wir schneller voran.“

Und während Branco und Carlo wieder hoch in die Wanten klettern, kommen sie dem Schiff langsam näher.

6. Fall: Wie wird die Tuttan gerettet?

■ Es kommt unverhofft Hilfe.

Plötzlich ertönt ein aufgeregter Schrei über Nellys Kopf.
„Das ist die Schleichende Seekuh!“, ruft Branco. „Nichts wie weg!“
Und tatsächlich, jetzt erkennt auch Nelly das Schiff. Doch was ist da nur los? Es ist niemand an Deck zu sehen. Wie ein Geisterschiff dümpelt die Schleichende Seekuh im Meer. Was hat das zu bedeuten? Das muss näher untersucht werden.

★ Nelly ist geschickt und packt mutig zu.

☀ Der Sturm legt sich plötzlich.

Obwohl Branco und Carlo bei der Sache mulmig ist, holen sie ihre Segel ein und machen mit ein paar Leinen an der Schleichenden Seekuh fest.
Vorsichtig und mit ihren alten rostigen Säbeln bewaffnet klettern sie aufs andere Schiff.
Nichts regt sich. Nur unter Deck hört man ein komisches Geräusch. Dort liegen vier schnarchende Matrosen in ihren Kojen, neben ihnen ein leeres Fass Rum. So wie es aussieht, schlafen die vier ihren Rausch aus.
„Fesseln!“, befiehlt Nelly.

Und während Branco und Carlo den schlafenden Männern die Hände zusammenbinden, durchstöbert Nelly das Schiff.
Sie staunt, wie viel schöner die Schleichende Seekuh ist. Die Schlafkojen sind größer und weicher als auf der Tuttan. Es gibt sogar einen Speiseraum. In der Kapitänskajüte macht Nelly eine aufregende Entdeckung. Dort steht eine große schwarze Truhe. Als sie den Deckel anhebt, traut sie ihren Augen nicht. Die Truhe ist prall gefüllt mit Schätzen. Goldene Ringe funkeln ihr entgegen, Kelche und Ketten.
„Branco, Carlo!“, ruft sie aufgeregt durchs Schiff. „Kommt mal schnell her!“
Branco und Carlo eilen herbei und ihnen fallen beinahe die Augen aus dem Kopf.
„Unsere Beute!“, sagt Nelly. „Was sagt ihr dazu?“
Die beiden sagen erst einmal gar nichts.
Sie tanzen in der Kajüte herum und jubeln.

Dann packen sie die Truhe und schleppen sie unter größter Kraftanstrengung auf die Tuttan hinüber.
Währenddessen geht Nelly zu den vier Männern, die inzwischen aufgewacht sind.
„Ihr seid meine Gefangenen!", macht sie ihnen klar.
„Wir haben Kopfweh!", jammern sie.
„Das kommt vom Saufen!", antwortet Nelly.
Dann will sie von den Piraten wissen, was eigentlich geschehen ist. Und Nelly erfährt, dass auch der Einarmige Zoran mit seinen Männern die Insel erreicht hat, über eine andere Bucht. Die Schleichende Seekuh wurde darauf ebenso wie die Tuttan von dem Unwetter überrascht und aufs Meer getrieben. Allerdings blieb sie nicht verschont und die Masten brachen.
„Schade um das schöne Schiff", sagt Nelly.
Dann bringt sie gemeinsam mit Branco und Carlo die Gefangenen an Bord der Tuttan,

zusammen mit einigen brauchbaren Sachen wie dem Anker, ein paar Segeln und Tauen. Schließlich überlassen sie die Schleichende Seekuh ihrem Schicksal, Branco und Carlo setzen die Segel und Nelly steuert die Tuttan zielsicher zur Insel zurück.
Als sie in die Bucht einsegeln und den neuen Anker werfen, hören sie an Land die Jubelrufe der Mannschaft und wenig später sind der Wilde Jim und seine Männer im Beiboot unterwegs zur Tuttan.
An Bord staunt der Wilde Jim nicht schlecht, als er die Gefangenen und die Schatztruhe vorfindet.

„Wir haben die Schleichende Seekuh gekapert!“, sagt Nelly mit stolz geschwellter Brust.

„Und Nelly hat die Tuttan gerettet!“, sagt Branco. „Sie hat sie sicher durch den Sturm gesteuert!“

„Tja!“, sagte der Wilde Jim da und legt seinen starken Arm um Nelly. „Sie ist eben meine Tochter. Das hat sie von mir gelernt.“

„Sieht ganz so aus“, sagt Oskar schmunzelnd und zwinkert Nelly zu.

Zur Feier des Tages wird ein Fass Kokosmilch aufgemacht und der Wilde Jim übergibt seiner Tochter für eine Woche das Kommando über die Tuttan.

Aber kaum hat die Mannschaft angefangen zu feiern, da kommt von der Wilden Nelly der Befehl

7. Fall: Oskar zwinkert Nelly zu,

weil er einen kleinen Tick hat.

zum Auslaufen. „Alle Mann auf die Posten“, ruft sie. „Wir haben nur eine Woche Zeit, ein paar andere Schiffe zu kapern. Setzt die Segel! Und die Gefangenen gehören ab jetzt zur Mannschaft.“

Da staunen Ole, Branco, Sven, Pit, Jack und Carlo und schielen unsicher zum Wilden Jim.

„Ihr habt gehört, was die Wilde Nelly befohlen hat!“, sagt er und lacht. „Ich würde an eurer Stelle gehorchen, wenn euch euer Leben lieb ist.“

Und schon flitzt die Mannschaft hoch in die Wanten und setzt die Segel zu neuen Abenteuern.

weil ihm etwas ins Auge geflogen ist.

weil sich der Wilde Jim mit den Taten seiner Tochter brüstet.

Gefunden!
Knote den Streifen einfach an das Lesebändchen an und fertig ist dein Geheimalphabet! Neben jeder richtigen Antwort im Buch steht ein Zeichen, das du im Alphabet wiederfindest. Setze nun auf der letzten Seite die Buchstaben zum Lösungswort zusammen.